CM2

français

Cahier d'activités

Antoine Fetet

Isabelle Nallet, Geneviève Ladret

RETZ
editions-retz.com

Sommaire

Compréhension

Lexique

Étude de la langue

Cet ouvrage suit l'orthographe recommandée par les rectifications de 1990 et les programmes scolaires. Voir le site **http://www.orthographe-recommandee.info** et son miniguide d'information

Direction éditoriale : Céline Lorcher
Édition : Joëlle Gardette
Création maquette : Jean-François Saada
Réalisation : Langage Graphique
Corrections : Florence Richard
Illustrations : Studio Tomso
Création des mascottes : Nikao

ISBN : 978-2-7256-3791-4

N° de projet : 10279654
Dépôt légal : avril 2019
Imprimé en février 2022 chez Graficas Estella

MIXTE
Papier issu de sources responsables
FSC® C022030

Orthographe

Ateliers d'écriture

Sont signalés entre parenthèses les chapitres du manuel en lien direct avec les ateliers.

Ateliers art et écriture

Je repère **les différentes désignations des personnages**

Manuel p. 27

• **Lis le texte suivant, puis prépare et joue la scène avec tes camarades.**

Tout était calme dans le vaisseau spatial quand, soudain, un petit robot à l'air délabré sembla s'éveiller. Il fit clignoter une lumière rouge au-dessus de sa tête avant d'alerter l'équipage d'une voix métallique :

« Alerte ! Astéroïde droit devant ! Déclenchez la procédure d'évitement ! »

Aussitôt, John Kaufman distribua les ordres :

– Katie, prenez le contrôle manuel ! Il est trop tard pour programmer la trajectoire.

– À vos ordres, commandant !

La jeune femme s'installa aussitôt au poste de pilotage.

– Steven, bon sang ! Réveillez-vous, mon vieux, ce n'est pas le moment de dormir !

Le lieutenant-chef s'étira comme un chat et lança un regard de défi au responsable de la mission. Il n'appréciait pas du tout qu'une autre que lui ait obtenu le rôle principal dans la manœuvre.

– Je pensais que Mlle Rasmussen était assez experte pour...

– Ne faites pas le malin, l'interrompit Kaufman. Vous savez bien qu'en cas d'urgence la sécurité est doublée ! Je vous ordonne de rejoindre votre poste !

De mauvaise grâce, il alla s'assoir à la gauche de sa collègue.

Celle-ci, pour détendre l'atmosphère, se tourna vers XZ-42 et lui lança :

– Bravo, vieux tas de ferraille, tu as encore de bons réflexes !

– Merci pour le compliment, répondit l'androïde. Mais une demoiselle comme vous devrait apprendre la politesse !

Chacun se concentra sur sa tâche. La moindre erreur pouvait signifier la fin de la mission...

• **En utilisant les couleurs proposées, continue à surligner les différentes manières de désigner chaque personnage, puis indique s'il s'agit d'un nom propre (NP), d'un groupe nominal (GN) ou d'un pronom (Pr.).**

Je trouve **un mot grâce au contexte**

Manuel p. 38

• Lis ce texte dans lequel des mots ont été supprimés.

Drame de la nature ! Je lisais .... le pommier, quand un .... s'est détaché, tombant à mes pieds. La pomme s'est immobilisée. Elle .... trop mure et légèrement gâtée. C'est alors que j'ai ...., sortant du fruit, un ver ou une chenille, je .... savais pas trop. J'ai observé cet animal se contracter, se déployer, se contracter encore et se déployer toujours pour .... sur le fruit. Un oiseau s'est précipité... Un coup de bec rapide...
Et fin de l'histoire !

• Dans la liste ci-dessous, retrouve les mots manquants en t'appuyant sur :
- le sens du texte ;
- l'orthographe (accords, conjugaison...).

Attention, parfois plusieurs réponses sont possibles.

étaient	fruits	découvert	dans	sous
fruit	avancer	ne	se déplacer	semblait

Je comprends **comment les mots sont fabriqués** (1)

Les suffixes

Manuel p. 40

• Lis les extraits de définition suivants et complète-les avec un adjectif de l'encadré.

a. .... : adj., que l'on ne peut pas lire.
b. .... : adj., que l'on peut boire sans danger.
c. .... : adj., qui ne peut être cru.
d. .... : adj., qui peut servir de nourriture à l'homme.
e. .... : adj., qu'on ne peut dénier ; certain, incontestable.
f. .... : adj., que l'on peut croire.

indéniable
crédible
comestible
incroyable
illisible
potable

• Choisis 4 adjectifs et compose une phrase avec chacun d'eux.

Je sais former **des noms abstraits à partir d'adjectifs**

Manuel p. 48

• Complète ces extraits de contes avec un nom féminin se terminant par le suffixe -té, en t'aidant des adjectifs proposés.

a. À l'occasion du baptême de la princesse, chacune des bonnes fées invitées se pencha sur son berceau et fit un don. La première fée, la plus jeune, lui offrit la ....

b. À cause de la .... de son mari dévoreur de petits enfants, la femme de l'ogre tenta de persuader le Petit Poucet et ses frères de ne pas entrer dans sa maison.

c. Barbe-Bleue confia toutes les clés du château à sa jeune épouse, mais lui interdit formellement d'ouvrir la petite pièce au bout de la galerie. Quand son mari partit en voyage, la .... de la jeune femme la poussa à y pénétrer.

d. Au lieu d'aller à l'école et d'obéir à Geppetto, la marionnette Pinocchio préféra vendre ses livres pour s'aventurer sur les chemins de la ....

e. Poussée par sa ...., en pleine tempête, la Petite Sirène sauve le prince tombé à l'eau et le ramène, inconscient, sur la plage.

curieux
libre
généreux
cruel
beau

• Utilise chacun des noms trouvés dans une phrase qui ne concerne pas le monde des contes.

Quelle remarque peux-tu faire sur l'orthographe de la fin de ces noms féminins ?

Je comprends **comment les mots sont fabriqués** (2)

Les préfixes

Manuel p. 50

• **Associe les mots qui appartiennent à la même famille de mots en les recopiant dans une même bulle. Entoure ce qui les différencie.**

encourager | dérouler | nouer | entente | bienveillance

interne | enrouler | décourager | inspiration | malheureux

externe | inclure | infecter | malveillance | mésentente

exclure | expiration | désinfecter | heureux | dénouer

....

....

• **Observe le tableau ci-dessous complété par un élève.**

Préfixe	in- (ou im-), en- (ou em-)	é- (ou ex-)	de- (ou dé-/dés-/dis-)	mé- (ou més-), mal- (ou mau-)
Sens				
Exemples	inspiration interne encourager infecter enrouler inclure	expiration externe exclure	dérouler désinfecter décourager dénouer	malheureux malveillance mésentente

• **Écris le sens de ces préfixes dans le tableau.**

Je transforme **les verbes en noms**

Manuel p. 55

• **Dans les phrases suivantes, barre le pronom cela et remplace-le par un nom de la même famille que le verbe en couleur.**

Pour t'aider
Les noms se forment avec l'un des suffixes suivants : -tion, -ment ou -age.

a. Tarik **se renseigne** auprès de passants pour connaitre la direction de la gare. Il a bien besoin de cela pour s'orienter dans cette grande ville inconnue.

→ ....

b. Quand on lui a annoncé la naissance de sa petite sœur, Bastien **a réagi** en éclatant de rire. Cela a surpris tout le monde car personne ne l'avait jamais vu rire.

→ ....

c. Toute l'équipe du film est arrivée ce matin dans le village pour **tourner** un documentaire. Cela devrait durer une semaine.

→ ....

d. Paul a décidé de **construire** lui-même sa maison. Cela va lui demander beaucoup de temps et d'énergie.

→ ....

e. Mélissa **s'entraine** à la marche rapide tous les jours. Cela l'aide à rester en bonne santé à plus de 70 ans.

→ ....

• **Classe les noms trouvés selon leur suffixe, comme dans l'exemple.**

Verbe	Nom de la même famille lexicale		
	-tion	-age	-ment
se renseigner			*renseignement*

J'utilise **avec aisance des synonymes**

Manuel p. 64

- **Dans ces phrases, remplace l'adjectif bon ou son superlatif très bon par un synonyme.**
- **Classe-les ensuite dans le tableau.**

a. Cette pâtisserie propose de **très bons** desserts, si bien que toute la ville s'y presse. → ....

b. Aux heures de pointe, en voiture, il vaut mieux connaitre un **bon** itinéraire pour éviter les bouchons. → ....

c. Tous les critiques jugent ce jeune musicien **très bon** : comme Mozart, il avait déjà composé des morceaux dès l'âge de cinq ans. → ....

d. Lola propose toujours les **bons** résultats lors des séances de calcul mental. → ....

e. Marie est passionnée de cinéma. Ce soir, elle ne peut contenir sa joie car elle a vu un **très bon** film, le meilleur peut-être qu'elle ait jamais vu. → ....

efficace
doué
délicieux
succulent
excellent
génial
mémorable
exact
extraordinaire

Synonymes de « bon »	Synonymes de « très bon »
....	....
....	....
....	....

Je sais utiliser **des termes génériques ou spécifiques**

Manuel p. 69

Complète chaque phrase en choisissant, dans la liste, le nom générique qui te semble le plus approprié. Tu ne peux utiliser chaque mot qu'une seule fois.

a. [...] Pourtant, chez certains auteurs pour la jeunesse, ce .... devient souvent sympathique.

b. [...] C'est pourquoi ce .... inquiète parfois les bergers, qui doivent bien surveiller leurs troupeaux de moutons.

c. [...] Actuellement, dans de nombreux pays, le .... est protégé.

d. [...] Mais la plupart restent des .... sauvages.

e. [...] Mais, dans certaines circonstances, ces ....

animal
mammifère
prédateur
personnage
espèce

Je maitrise **la ponctuation**

Manuel p. 76

- **Indique dans chaque cercle le numéro de la phrase qui correspond à l'illustration, puis ajoute la ponctuation manquante dans le rectangle.**

1. Est-ce que c'est bon, cher Monsieur
2. Découvrez le plaisir de marcher sur l'eau
3. Quelles chaussures choisir
4. Ne mange pas trop, gourmand

– Quelles sont les phrases qui posent une question ?
– Quelles sont celles qui donnent un ordre ou un conseil ?

- **Rétablis la ponctuation de ces dialogues, puis surligne en jaune les phrases déclaratives, en vert les phrases interrogatives, et en rose les phrases impératives.**
- **Entoure les adverbes de négation dans les phrases négatives.**
- **Souligne les phrases à la forme exclamative.**

« Quel métier veux-tu faire plus tard
– Chasseur de cauchemars
– Quel drôle de métier Tu es sûr qu'il existe
– Ne t'inquiète pas S'il n'existe pas, je l'inventerai »

« Quelle heure est-il
– Il est dix heures moins le quart
– Dix heures moins le quart Déjà Zut, je suis en retard Je vais rater mon bus
– Alors ne perds pas de temps Cours, dépêche-toi »

« Viens voir J'ai trouvé de l'or
– De l'or
– Oui, de l'or
– Youpi Nous sommes riches
– Pas si vite JE suis riche
– Moi qui croyais qu'on était de vrais amis »

Je conjugue **les verbes au présent**

Manuel p. 80

• Pour chaque paire de mots, barre celui qui n'est pas un verbe conjugué.

- revois / parfois
- râpeux / peux
- espère / étagère
- impatient / retient

- indiens / reviens
- réponds / profonds
- weekend / reprend
- prononcent / innocent
- merguez / naviguez

- vieux / veux
- dites / marmites
- autoroute / écoute
- hommes / sommes
- vont / front

- boa / va
- fiançailles / travailles
- attends / révérends
- venons / guenons

À quelles classes grammaticales appartiennent les mots que tu as barrés ?

• Classe maintenant toutes les formes verbales dans le tableau suivant.

Verbes en -er	Verbes en -ir -oir -re	Verbes en -dre	Verbes irréguliers
j'	je	j'	je peux
tu	tu revois tu	tu attends	tu
il espère	elle	il	elle
nous	nous	nous	nous
vous	vous	vous	vous
elles	ils	elles	ils

Je reconnais **les noms, les verbes et les adjectifs**

Manuel p. 84

Complète les phrases avec les mots proposés ci-contre.

→ Elle .... un ....

Il .... une .... ←

→ Voilà une ....

Voici un .... à lèvres .... ←
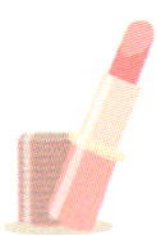

→ Il .... un ....

Il .... la .... ←

→ Le sculpteur .... un accent ....

montre
lit
porte
rouge
grave
rose
livre

– Indique la classe grammaticale de chacun de ces mots.
– Comment as-tu fait pour savoir s'il s'agit d'un nom, d'un verbe ou d'un adjectif ?

Je repère **le groupe sujet et le groupe verbal de la phrase**

Manuel p. 87

• **Numérote ce texte dans l'ordre.**

Que se passe-t-il quand tu manges ?

- ◯ Les acides creusent des petits trous dans l'émail.
- ◯ Le sucre et les autres aliments se collent à tes dents.
- ◯ Ces petits trous s'appellent des caries.
- ◯ Ces déchets collants constituent la plaque dentaire.
- ◯ Ces bactéries fabriquent des acides.
- ◯ La plaque dentaire est le menu préféré des bactéries !

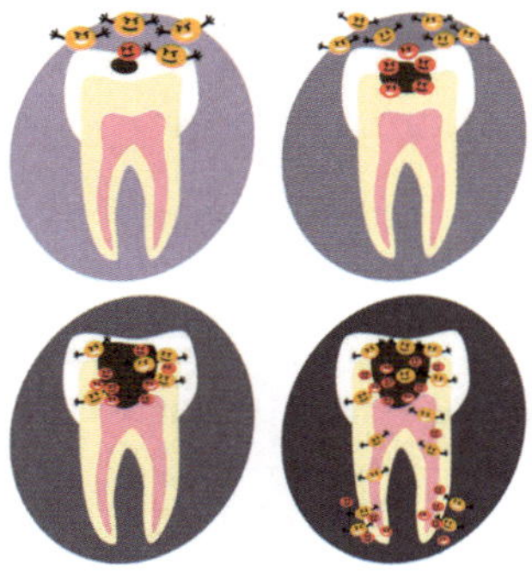

• **Pour chaque phrase, pose-toi ces deux questions :**

1. **De qui, de quoi parle cette phrase ? → C'est le groupe sujet : surligne-le en jaune.**
2. **Qu'apprend-on à propos du sujet ? → C'est le groupe verbal : surligne-le en rose.**

Est-ce que l'ordre des phrases est important dans ce texte ?

• **Continue le schéma ci-dessous pour résumer ce texte.**

sucre + autres aliments → plaque dentaire → .... → .... → .... → ....

Je distingue **les compléments du nom et les compléments du verbe**

Manuel p. 94

Lis ce texte et complète-le avec les éléments proposés.

La forêt était la seule passion .... : il en connaissait tous les secrets.

En été, il cueillait .... ; en automne, il ramassait ....

Parfois, des promeneurs se moquaient ....

Pourtant, s'ils avaient gouté sa confiture .... ou son omelette ...., ils auraient compris que l'apparence .... n'était pas si importante que ça !

des | Bastien | champignons | de | framboises | ses vêtements usés | aux

Observe les compléments que tu as construits : s'agit-il de compléments du nom (CdN) ou de compléments du verbe (COI) ?

J'utilise **les pronoms sujets et les pronoms compléments**

Manuel p. 96

- **Lis ce texte.**
- **Observe les trois dessins ci-contre et entoure celui qui correspond exactement au texte.**
- **Récris-le en remplaçant, quand c'est nécessaire, les pronoms par des noms propres ou des GN.**

Paul et ....

~~Ils~~ s'approchèrent d'elle avec curiosité : incroyable, elle avait tenu parole, elle l'avait vraiment

....

amené à l'école ! Elle le sortit de sa poche et lui parla doucement. Ils firent encore un pas,

....

mais il se cacha aussitôt dans sa manche. Elle leur fit signe de reculer et il montra à nouveau

....

le bout de son museau.

– Trouves-tu ce texte facile à comprendre ?
– Repère les sujets et les compléments du verbe : est-ce que ce sont des pronoms, des N propres ou des GN ?

Je repère **les compléments de phrase** (compléments circonstanciels) **et les compléments du verbe** (compléments d'objet)

Manuel p. 98

- **Lis ces phrases et observe les compléments soulignés.**

Le maitre pense à la rentrée. À la rentrée, j'irai dans une autre école.

– Dans les deux phrases, essaie de déplacer le complément : à la rentrée. Que remarques-tu ?

- **Effectue le même travail avec les phrases suivantes. Écris CO (complément d'objet) ou CC (complément circonstanciel) sous chaque complément souligné.**

a. De la fenêtre, je peux voir la mer.
Quand j'aurai réparé les volets, je m'occuperai de la fenêtre.

b. Je ne prends jamais ma douche le matin.
Pour faire du sport, je préfère le matin.

c. Je me méfie de cette échelle : elle a l'air vermoulue.
De cette échelle, vous pourrez atteindre le haut du cerisier.

Je conjugue **les verbes à l'imparfait et au passé composé**

Manuel p. 100

• Lis ce texte et colorie les formes verbales qui conviennent.

Depuis des jours, la pluie [tombait / est tombée] sans interruption et la rivière [menaçait / a menacé] de déborder. Les habitants de mon quartier [craignaient / ont craint] une catastrophe : hélas, hier après-midi, elle [arrivait / est arrivée]. L'eau [envahissait / a envahi] la rue principale, puis elle [s'infiltrait / s'est infiltrée] dans les maisons. Dans mon salon, les meubles [flottaient / ont flotté] à un mètre du sol, je n'en [croyais pas / n'ai pas cru] mes yeux. Nous [nous réfugiions / nous sommes réfugiés] au premier étage, et nous [quittions / avons quitté] la maison sur une barque des pompiers. Ce matin, l'eau [se retirait / s'est retirée]. Elle [partait / est partie] en laissant derrière elle une épaisse couche de boue et de déchets. L'inondation [a tout sali / salissait tout] sur son passage, mais les gens [commençaient / ont commencé] à nettoyer avec courage.

• Trie les formes verbales dans ce tableau, en t'aidant des exemples.

Verbe conjugué à un temps simple	Verbe conjugué à un temps composé…	
	… avec avoir	… avec être
la pluie tombait	....	elle est arrivée
....	....	....
....	....	....
....	....	....
....	....	....
....	....	....
....	....	....
Ce temps s'appelle	Ce temps s'appelle	

Explique l'emploi de ces deux temps dans ce texte.

Je manipule **les adjectifs et les compléments du nom**

Manuel p. 103

Complète les définitions à l'aide des mots proposés.

a. Le coassement, c'est

Le croassement, c'est

crapaud | cri | corneille | grenouille | corbeau

b. Une décade, c'est

Une décennie, c'est

période | ans | jours | dix

c. Un accident, c'est

Un incident, c'est

inattendu | grave | sans | évènement | gravité

d. Une balade, c'est

Une ballade, c'est

promenade | musique | difficulté | morceau | sans | doux

– Repère tous les éléments formant les groupes nominaux que tu viens d'écrire : D, N, Adj, CdN.

Exemple : le cri de la grenouille
(D : le – N : cri – CdN : de la grenouille)

– Quelles sont les différences que tu observes entre un adjectif et un complément du nom ?

Je distingue **l'attribut du sujet et le complément d'objet direct (COD)**

Manuel p. 106

• **Lis les trois textes ci-dessous.**

a. Fatiah voudrait aller de Paris à Lyon le plus vite possible.
Elle cherche le moyen de transport le plus rapide.

Train ? Avion ? Voiture ? Finalement,
elle prend un billet de train car
le moyen de transport le plus rapide reste le TGV.

b. Le vieux marin s'installa au coin du feu
et se mit à raconter l'aventure
qu'il avait vécue en mer de Chine.
Son histoire semblait incroyable et pourtant **elle était vraie !**

Il était venu à bout de pirates qui avaient pris
le commandement de son navire.
Son histoire passionnait les deux enfants.

c. J'ai lu un livre qui se passe à l'Opéra de Paris
et qui raconte l'histoire de Coline et Mathis.
Les deux enfants apprennent la danse classique.

Ils vont former un duo célèbre.
les deux enfants deviendront des danseurs étoiles.

• **Observe les phrases ou propositions en gras : dans quelles phrases peut-on remplacer le verbe par le signe = ?**

• **Souligne les verbes : écris Vé dessous s'il s'agit de verbes d'état.**

• **Entoure (ou surligne) les COD en bleu et les attributs du sujet en vert : écris dessous s'il s'agit de noms, d'adjectifs ou de GN.**

Voici la liste des verbes d'état :
être
sembler
devenir
rester
demeurer
paraitre

Je maitrise **les déterminants**

Manuel p. 109

**• Complète les phrases suivantes avec des déterminants.
Tu devras utiliser des déterminants de différentes catégories.**

Consulte ton aide-mémoire, leçon n° 16.

Devinettes

• Trouve .... animal dont le nom commence par C.

• Devine .... animal auquel je pense : il se déplace par bonds et son nom commence par K.

• .... animal bizarre a un bec de canard, une queue de castor et pond des œufs ?

• Devine quel est .... animal préféré : il a une fourrure très douce, aime les carottes et a de grandes oreilles.

• Préfères-tu .... animal ou celui-là ?

Chaque catégorie de déterminants a un emploi particulier. Explique-le.

• Complète les deux dialogues avec les déterminants qui conviennent.

a. « .... maison habites-tu ?
– .... petite maison, là, au milieu de la photo.
C'est .... maison qui ne paie pas de mine,
mais c'est .... seule maison qui me plaisait,
alors je l'ai achetée !
– Elle me plait bien, ... maison ! »

b. « Lola et moi, nous allons en Martinique
pour .... vacances.
– De .... vacances parlez-vous : Noël ou été ?
– Des vacances de Noël. Ce seront .... premières
vacances en amoureux !
Ça fait longtemps que nous voulions prendre
.... vacances ensemble.
– Vous devez les attendre avec impatience, ... vacances ! »

Je repère **le groupe sujet, le groupe verbal et les compléments de phrase** (compléments circonstanciels)

Manuel p. 111

- **Observe ces phrases : des élèves ont séparé d'un trait vertical les éléments principaux (groupe sujet, groupe verbal, complément de phrase).**

La neige | tombera | la nuit prochaine.

L'ami de ma sœur | a visité un château abandonné | pendant les vacances.

Avec précaution, | l'infirmier | change le pansement du blessé.

À la moindre caresse, | mon chat | ronronne.

Tu | boudes ?

Dans la forêt voisine, | Lucie et Anatole | cueillent des champignons.

Les trapézistes | exécutent leur numéro | à plus de dix mètres du sol.

- **Maintenant, souligne le sujet de chaque phrase : de qui, de quoi parle cette phrase ?**
- **Entoure ensuite le groupe verbal : qu'est-ce qu'on apprend sur le sujet de la phrase ?**
- **Cherche enfin s'il y a un complément de phrase (ou complément circonstanciel) : on peut le déplacer dans la phrase, on peut aussi le supprimer. Surligne-le en rose.**

Je conjugue **les verbes au futur**

Manuel p. 113

nous jouerons — il sourira — j'oublierai — ils continueront

tu grandiras — elle skiera — tu apprécieras — je remplirai

vous crierez — nous sortirons — ils s'évanouiront — vous lirez

Continue de trier ces formes verbales au futur dans le tableau.

La terminaison contient les lettres -er-	**La terminaison contient la lettre -r-**
j'oublierai	je ....
tu	....
....	....
....	....
....	....
....	....
....	....
....	....

Cherche l'infinitif de chaque verbe : que remarques-tu ?

Je reconnais **deux compléments de verbe : les COD et les COI**

Manuel p. 118

• **Complète ces six phrases à l'aide des étiquettes proposées. Parfois, il faudra utiliser une préposition (*à*, *de*).**

de | à | ses prochaines vacances | la balle. | l'ordinateur. | la directrice.

– Julien organise
– Souvent, papa se sert
– Maman téléphone
– Marie attrape
– Marie joue
– Maman rencontre
– Souvent, papa utilise
– Julien se réjouit

• **Peux-tu expliquer pourquoi certains compléments sont appelés compléments d'objet directs et d'autres compléments d'objet indirects ?**

Je distingue **les compléments du verbe, du nom, de phrase**

Manuel p. 119

• **Place les compléments encadrés dans les phrases suivantes.**
Y a-t-il plusieurs emplacements possibles ?

de la nuit → En été, j'apprécie la fraicheur ....

la nuit → Les hiboux se mettent en chasse ....

la nuit → Leur hululement déchire ....

un balcon → Mon ancien appartement avait ....

du balcon → Je peux voir la tour Eiffel ....

du balcon → Il faut que je repeigne la balustrade ....

du balcon → Dès que j'aurai fini de balayer le salon, je m'occuperai ....

• **Indique si les compléments ajoutés sont des compléments du nom (CdN), des compléments d'objet (CO) ou des compléments circonstanciels (CC).**

Je manipule **des phrases simples et des phrases complexes**

Manuel p. 122

1. Complète les deux phrases avec des mots de liaison :

« Prends à gauche .... prends à droite, ... ne continue surtout pas tout droit ! »

« Vous n'avez fait que la moitié du travail, ... je ne vous dois que la moitié du tarif ! »

- **Dans ces phrases, souligne les verbes conjugués, puis sépare d'un trait les propositions.**

Combien y a-t-il de propositions dans chaque phrase ?

Pense à modifier la ponctuation !

2. Voici des phrases simples. Relie-les à l'aide d'une conjonction de coordination pour constituer des phrases complexes.

car	mais
donc	or
et	ou

....
Je voudrais sauter en parachute . Je suis trop jeune.

....
Il faut se dépêcher de rentrer. La nuit tombe vite.

....
J'aurais aimé rester plus longtemps . J'ai un train à prendre.

....
Je suis l'ainée de la famille . Je suis plus âgée que mon frère.

....
Voulez-vous dormir ici ? Préférez-vous rentrer chez vous ?

....
Le musée est ouvert tous les jours . L'entrée est gratuite.

....
Je ne trouve plus mon téléphone . Je suis sure de l'avoir mis dans la boite à gants.

....
Je n'aime pas l'ananas . Je n'aime pas la noix de coco non plus.

Pour cette dernière phrase, utilise « ni ».
Attention, il y a des modifications plus importantes à prévoir !

Je conjugue **les verbes à l'imparfait et au passé simple**

Manuel p. 123

• **Compare les deux textes ci-dessous.**

Tous les matins, le réveil sonnait à cinq heures précises. Alors, Hubert se levait, prenait une douche, s'habillait, buvait un café, enfilait son manteau et partait au travail.	Ce matin-là, le réveil sonna à cinq heures précises. Aussitôt, Gustave se leva, prit une douche, s'habilla, but un café, enfila son manteau et partit au travail.

• **Souligne les verbes conjugués. À quel temps sont-ils employés ?**
Explique la différence d'emploi entre le passé simple et l'imparfait dans ces deux textes.

• **Dans les trois textes suivants, colorie les formes verbales qui conviennent le mieux.**

a. D'habitude, Léa (mangeait / mangea) des céréales pour le petit déjeuner.

Mais ce matin-là, elle (décidait / décida) de changer et (buvait / but) un bol de cacao.

b. Alors qu'habituellement, mon oncle (prenait / prit) le train de 17 h 24 pour rentrer

chez lui, ce jour-là, il (prenait / prit) le train suivant et cette décision (changeait / changea) sa vie :

c'est dans ce train qu'il (rencontrait / rencontra) sa future épouse !

c. En 1885, Louis Pasteur (parvenait / parvint) à mettre au point

un vaccin contre la rage qui (était / fut) alors une maladie mortelle.

Le premier enfant vacciné (s'appelait / s'appela) Joseph Meister.

Il ne (mourait / mourut) pas et (guérissait / guérit) définitivement.

• **Recherche l'infinitif des verbes conjugués au passé simple, puis complète ce tableau :**

Terminaisons -a / -èrent	Terminaisons -it / -irent	Terminaisons -ut / -urent	Terminaisons -int / -inrent
elle décida, inf. décider	....	....	....
....	....	....	....
....	....	....	....
....	....	....	....
....	....	....	....

Je conjugue **les verbes à l'imparfait et au plus-que-parfait**

Manuel p. 127

- **Observe les phrases suivantes : repère les verbes conjugués, puis trace et complète l'axe des temps.**

a.
La neige a fondu, on voit les premières primevères.

passé présent futur

b.
J'avais réparé l'ordinateur, je pouvais à nouveau lire mes courriels.

passé présent futur

c.
Les enfants n'ont plus faim, car ils ont mangé comme des ogres.

passé présent futur

d.
Quand nous avions fini notre travail, nous pouvions lire tranquillement.

passé présent futur

– Quels sont les verbes conjugués à un temps composé ? À quel temps est utilisé l'auxiliaire ?
– Explique les ressemblances et les différences entre le plus-que-parfait et le passé composé.

- **Transpose les phrases a et c au passé, en employant l'imparfait et le plus-que-parfait.**

a.
La neige ....

passé présent futur

c.
Les enfants ....

passé présent futur

Je révise
toutes les fonctions grammaticales

Manuel p. 121

- **Indique la fonction grammaticale du groupe nominal en couleur.**

Les touristes s'installent à la terrasse **de ce café**. ....

Le café n'ouvrira pas avant une heure. ....

Dans ce café, il n'y a plus une place de libre. ....

Au petit déjeuner, la boisson préférée des français reste **le café**. ....

Débarrasse la table, je m'occupe **de ton café**. ....

CdN | S | COI | AdS | CdPh | COD

- **Puis complète le tableau ci-dessous.**

	S	COD	COI	CdN	CC	AdS
Complète un nom.				✔		
Complète un verbe.						
Complète une phrase.						
Peut être déplacé dans la phrase.						
Peut être supprimé dans la phrase.						
Peut être remplacé par un pronom.						
Suit un verbe d'état.						
Précise une caractéristique du sujet.						
Indique de qui ou de quoi il est question dans la phrase.						
Commande l'accord du verbe.						

Je maitrise **les accords dans le groupe nominal**

Manuel p. 134

- **Lis ces trois petites annonces.**
- **Complète chacune à l'aide d'une des trois listes d'adjectifs proposées.**

Vous voulez organiser des soirées 100 % .... ?
Faites appel à Ludo, un DJ très ...., qui vient avec tout le matériel ...., propose une musique ...., des disques ...., des jeux de lumière ....
Appelez-moi au 07 07 444 555

Des travaux .... à réaliser ? Des réparations .... ?
Téléphonez à Jojo le Bricolo au 06 123 456 !
- .... disponibilité
- Travail ....
- .... prix
- Délais ....

Étudiant .... cherche à garder des enfants à Beauvais ou dans les communes ....
J'ai une patience .... et un .... sens des responsabilités, qui sont des qualités .... pour ce genre de travail.
Je possède également le brevet de .... secours.
Contact : 06 00 00 00 01.

divers | garantis | grande | petits | soigné | urgentes

grand | indispensables | infinie | premiers | sérieux | voisines

dynamique | endiablée | entrainants | nécessaire | réussies | professionnels

- **Relève quatre groupes nominaux composés d'un déterminant, d'un nom et d'un adjectif qualificatif :** au masculin singulier ; au féminin singulier ; au masculin pluriel ; au féminin pluriel.

Je choisis
le participe passé ou l'infinitif

Manuel p. 139

• **Remplace dans ta tête les formes verbales incomplètes par celles proposées dans les étiquettes, puis complète les verbes avec la terminaison qui convient.**

Nous allons récolt........ des fruits des bois.
Nous avons récolt........ des fruits des bois.

cueillir | cueilli

Mon cheval a galop........ sur la plage.
Mon cheval aime galop........ sur la plage.

courir | couru

Mon oncle a rassembl........ toute la famille pour le Nouvel An.
Mon oncle projette de rassembl........ toute la famille pour le Nouvel An.

réunir | réuni

– Comment appelle-t-on les formes verbales qui se terminent par **-er**, **-ir** *?*
– Comment appelle-t-on les formes verbales qui se terminent par **-é**, **-i**, **-u** *?*
– Explique pourquoi c'est intéressant de remplacer un verbe en **-er/-é** *par un autre en* **-ir/-i** *ou* **-ir/-u**.

• **Il n'y a pas toujours un verbe synonyme pour t'aider à choisir entre -é ou -er ! Mais tu peux utiliser d'autres verbes, comme mordre/mordu ou dormir/dormi, même si la phrase n'a plus vraiment de sens.**

Dans ta tête, essaie les deux possibilités puis complète les terminaisons des verbes.

Mamie a regard........ la télé en fin d'après-midi.
Maman aime regard........ la télé en fin d'après-midi.

mordre | mordu

Qu'est-ce que tu vas prépar........ à manger ce soir ?
Qu'est-ce que tu as prépar........ à manger ce soir ?

dormir | dormi

L'incendie a dévast........ la forêt.
L'incendie risque de dévast........ la forêt.

J'accorde **le verbe avec le sujet**

Manuel p. 141

a

- **Complète les terminaisons de ces verbes.**

Cette famille de canards se dirig.......... vers la mare.

Les canards de cette famille se dirig.......... vers la mare.

Les doigts agiles du violoniste impressionn.......... le public

Le violoniste aux doigts agiles impressionn.......... le public.

Les supporteurs du club félicit.......... les vainqueurs.

Le club des supporteurs félicit.......... les vainqueurs.

- **Souligne les groupes sujets, encadre les noms « chefs de groupe », puis trace les chaines d'accords à l'aide d'une flèche.**

b

- **Complète ces phrases en choisissant les verbes qui conviennent parmi les étiquettes proposées.**

La joie que .... les enfants .... sur leur visage.

ressentais | ressentait | ressentaient | se lisais | se lisait | se lisaient

Les sculptures que .... cette jeune artiste .... l'attention des visiteurs.

présentes | présente | présentent | attires | attire | attirent

Les pucerons que .... la coccinelle .... la croissance des rosiers.

dévore | dévorent | dévores | retardes | retardent | retarde

- **À l'aide d'une flèche, trace les chaines d'accords entre les sujets et les verbes, comme dans cet exemple.**

Les gaufres que prépare papi sentent bon !

J'écris **les mots en -ail, -eil, -euil…**

Manuel p. 146

- **Observe les mots suivants.**

- un vitrail, des murailles, une paille, tu travailles, elles bâillent
- des feuilles, des chevreuils, un écureuil
- la rouille, ils se mouillent, tu t'agenouilles, le fenouil, des grenouilles, il me chatouille
- une oreille, des orteils, tu te réveilles, elle s'éveille, ils sommeillent
- elle brille, des portails

- **Des élèves ont commencé à classer tous ces mots par catégorie. Continue leur travail.**

Nom masc. sing.	....	Nom masc. plur.	....
un vitrail	une paille	....	des murailles
....	....	....	....
....	....	....	....

Verbe conjugué avec tu	....	Verbe conjugué avec ils/elles
....	elle brille	....
....	....	....
....	....	....

Je maitrise **les finales verbales : problèmes d'accents**

Manuel p. 148

Trie ces formes verbales et écris-les dans le tableau ci-dessous.

- J'achète une glace. Nous achetons du pain.
- Nous préférons le bleu au noir. Je préfère rester chez moi.
- Je renouvèle mes excuses. Nous renouvelons notre demande.
- J'aère ma chambre. Nous aérons notre chambre.
- Cette couverture te protègera. Vous protégez vos affaires.
- Vous digérez votre copieux repas. Le lion digère à l'ombre d'un arbre.
- La maitresse me demande d'épeler ce mot. J'épèle mon nom.

verbe à l'infinitif	e dans le radical	é dans le radical	è dans le radical
acheter	nous achetons		
		nous préférons	

Je comprends **la présence d'un -e muet à la fin de certains mots**

Manuel p. 144

- **Complète les phrases avec les mots proposés dans les étiquettes.**

allé | allée | cri | crie | cru | crue | lieu | lieue | sorti | sortie

a. Un petit signal vert indique la .... de secours.

Lilian est .... du bureau pour prendre l'air.

b. La .... de la rivière a inondé les rues les plus basses de la ville.

Je leur ai raconté mon histoire, mais ils ne m'ont pas ....

c. Quand Zoé vit son papa arriver, elle poussa un .... de joie.

On ne .... pas dans les couloirs, car ça gênerait les autres classes.

d. L'.......................... du château est bordée d'arbres magnifiques.

Léo est .... au Mexique.

e. La .... est une ancienne mesure de distance qui valait environ 4,5 km.

La place du marché est le .... de rencontre préféré de tous les habitants du village.

Je choisis **l'infinitif en -er, le participe en -é ou l'imparfait en -ais, -ait, -aient**

Manuel p. 150

En utilisant les formes verbales proposées, complète ces phrases de deux façons différentes.

traverser	franchir
traversais	franchissais
traversait	franchissait
traversaient	franchissaient
traversé	franchi

a. Nous avons [franch.............. / travers.............] la rivière.

Demain, il faudra [franch.............. / travers.............] ce pont.

Avant l'avion, seuls les bateaux [franch.................. / travers..................] l'océan.

habiter	vivre
habitais	vivais
habitait	vivait
habitaient	vivaient
habité	vécu

b. L'homme de Néandertal [habit........... / viv...............] dans des cavernes.

Je n'ai jamais [habit........... / véc...............] en ville.

L'an prochain, nous partons [habit........... / viv...............] à Paris.

Manuel p. 152

Je maitrise **les finales verbales : cas particuliers**

• **Complète ces deux tableaux.**

Infinitif	Présent		
	avec je	avec nous	avec vous
avancer	j'avance		
foncer			vous foncez
nager			
manger			
crier	je crie		
oublier		nous oublions	
balayer	je balaie		
essuyer			vous essuyez

Infinitif	Imparfait		
	avec je	avec nous	avec vous
avancer			
foncer			
nager			vous nagiez
manger		nous mangions	
crier			
oublier			
balayer	je balayais		
essuyer			

• **Explique les particularités orthographiques :**
- **des verbes en -cer ;**
- **des verbes en -ger ;**
- **des verbes en -ier ;**
- **des verbes en -yer.**

Attention,
les formes de l'imparfait sont **toujours** différentes de celles du présent !

Je maitrise **les déterminants et les pronoms qui commencent par s ou c**

Manuel p. 154

- **Lis ces phrases.**

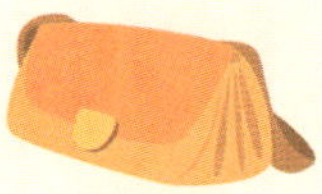

Elle cherche son sac et ses lunettes.
Ce vélo est hors de prix. Celui-là est moins cher.
J'aime bien cette bague, mais je préfère celle-ci.
Elles sont superbes, ces robes !
Le singe se gratte la tête.
Le chaton s'est endormi.
Mmm, du couscous ! Ça a l'air bon !
Sa barbe a poussé.
Ils se brossent les dents.

- **Observe les mots en orange et range-les dans le tableau ci-dessous.**

ce que quelqu'un possède, ce qui est à soi, ce qu'on fait à soi-même **s** 	ce qu'on montre, ce qu'on désigne **c** 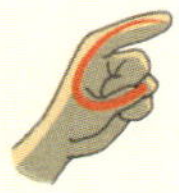
Déterminants commençant par s	**Déterminants commençant par c**
son sac	ce vélo
....	....
....	....
Pronoms commençant par s	**Pronoms commençant par c (ou ç)**
Le singe se gratte.	celui-là
....	....
....	....

– Comment reconnais-tu les déterminants ? les pronoms ?
– Lis chaque phrase à haute voix en l'accompagnant du geste qui convient.

- **Complète les mots avec s, c ou ç et classe-les dans le tableau ci-dessous.**

Regarde, là-bas, ...e drôle de truc... ......a bouge !
En jouant avec ......es ciseaux, il ......'est coupé au pouce.
......ette maison, ...'était la mienne autrefois.
Elle rangea ......es affaires et ......e dirigea vers la sortie.

Déterminants commençant par s	**Déterminants commençant par c**
....	....
....	....
Pronoms commençant par s	**Pronoms commençant par c (ou ç)**
....	....
....	....

Je maitrise **l'accord du participe passé**

Manuel p. 156

a. Complète les phrases avec les étiquettes proposées.

Bozo a acheté ....

.... qu'il a achetés sont trop grands pour lui !

Bozo a acheté ....

.... qu'il a acheté est très pointu.

Bozo a acheté ....

.... qu'il a achetées sont très élastiques.

Bozo a acheté ....

.... qu'il a achetée est rouge à pois verts.

la | une | cravate

les | des | souliers

les | des | bretelles

un | le | chapeau

• **Demande-toi, pour chaque phrase, ce qui a été acheté, puis relie-le au participe passé en orange, comme dans cet exemple.**

Bozo a acheté un chapeau.

Que remarques-tu ?

b. Trie ces formes verbales dans le tableau et trace les flèches comme dans l'exemple.

Elles sont sorties prendre l'air.
Elles ont sorti les chiens.
Les chiens, elles les ont déjà sortis.

Ils ont dévoré des livres.
Ils sont dévorés par les moustiques.
Voici les BD qu'ils ont dévorées.

être + participe passé accordé	
elles sont sorties	
avoir + participe passé non accordé	
avoir + participe passé accordé	

Explique dans quels cas le participe passé s'accorde, et dans quels cas il ne s'accorde pas.

Drôles de comptines !

• **Lis le texte. Reconnais-tu cette comptine ?**

Un petit mammifère vert, rongeur à longue queue,
qui courait dans l'étendue de plantes à tiges souples,
je l'attrape par la partie du corps en bas du dos,
je la montre à ces gens qui se croient importants
Ces gens qui se croient importants me disent :
« Trempez-la dans le liquide gras dont on se sert pour faire la cuisine,
trempez-la dans le liquide incolore, sans odeur et sans gout,
ça fera un mollusque qui porte une coquille sur son dos tout chaud ! »

Tous les noms ont été remplacés par leur définition (trouvée dans le dictionnaire). Chaque définition est surlignée d'une couleur.

• **Transforme à ton tour une de ces comptines : repère d'abord les noms, cherche leur définition dans le dictionnaire puis récris ta comptine. (Le premier nom à remplacer est surligné.)**

Au clair de la Lune,
Mon ami Pierrot,
Prête-moi ta plume
Pour écrire un mot.
Ma chandelle est morte,
Je n'ai plus de feu ;
Ouvre-moi ta porte,
Pour l'amour de Dieu.

À la claire fontaine
M'en allant promener
J'ai trouvé l'eau si belle
Que je m'y suis baigné
Il y a longtemps que je t'aime
jamais je ne t'oublierai
Sous les feuilles d'un chêne
Je me suis fait sécher
Sur la plus haute branche
Un rossignol chantait

Maman les p'tits bateaux
Qui vont sur l'eau
Ont-ils des jambes ?
Mais non, mon gros bêta
S'ils en avaient,
ils marcheraient !

Le trésor des devises

• **Lis et observe.**

Sais-tu ce qu'est une devise ?
C'est une formule courte, frappante, qui symbolise l'idéal, les principes qui guident une personne, une ville, un pays, une association, une organisation...

Voici quelques devises de pays.

France
« Liberté, Égalité, Fraternité »

Afrique du Sud
« L'unité dans la diversité »

Lesotho
« Paix, Pluie et Prospérité »

Tanzanie
« Liberté et Unité »

À ton avis, pourquoi ces mots ont-ils été choisis ?

• **Invente à ton tour le nom, la devise et le drapeau du pays de tes rêves. Pour créer ta devise, tu utiliseras au moins deux noms se terminant par le suffixe -té.**

....

....

....

• **Explique dans un court texte l'idéal que propose ta devise, en précisant bien le sens et l'importance de chaque mot.**

L'idéal, ce sont les grandes idées qui te tiennent à cœur pour bien vivre au pays de tes rêves.

Polyglotte

• **Observe ces trois illustrations.**

....

• **À l'aide du tableau ci-dessous, trouve quels mots pourraient désigner ces personnages et écris-les sous chaque dessin.**

Les éléments latins sont en orange, les éléments grecs en noir.

Premier élément		Deuxième élément (en général)	
archéo-	ancien	**-algie**	douleur
céphalo-	tête	-culteur	qui cultive
chloro-	vert	**-cycle**	roue
chromo-	couleur	**-dactyle**	doigt
déci-	dix	**-manie**	passion
gastro-	ventre	-oïde	qui a la forme
hippo-	cheval	**-phage**	qui mange
méga-	grand	-pède	qui a des pieds
micro-	petit	**-phile**	qui aime
ornitho-	oiseau	**-phobe**	qui déteste
photo-	lumière	**-pole**	ville
rhino-	nez	**-ptère**	aile
simili-	semblable	**-sphère**	globe
xylo-	bois	**-thérapie**	qui soigne
zoo-	animal	-vore	qui se nourrit

• **Amuse-toi à composer des mots qui n'existent pas et invente-leur une définition.**

Le journal du bonheur

• **Observe cet extrait d'une Une du *Journal du Bonheur*, quotidien qui n'annonce que de bonnes nouvelles.**

PLANTATIONS D'ARBRES CITOYENNES

Dans le cadre de l'opération « Aux arbres citoyennes et citoyens ! », des milliers d'écoles à travers le monde ont planté des arbres pour lutter contre la déforestation de notre planète et le réchauffement climatique. Bel exemple à suivre par le monde des adultes !

• **Lis le titre : il ne contient aucun verbe, c'est un groupe nominal. Pour écrire ce titre, le journaliste a transformé un verbe du chapeau en nom. Souligne ce verbe.**

Dans un article de journal, **le chapeau** se place au début. Il résume le contenu de l'article et donne envie de le lire.

• **À partir des chapeaux suivants, invente à ton tour un titre pour les Unes du *Journal du Bonheur* en utilisant un groupe nominal. Aide-toi des verbes contenus dans les chapeaux.**

....

La terre a de nouveau tremblé sur la petite ile de Mora. Heureusement, aucune victime n'est à déplorer, malgré l'intensité du phénomène. Les maisons ont bien résisté, et la population a bien suivi les consignes de sécurité, sans paniquer.

....

Les députés ont adopté une loi sans précédent dans l'histoire du pays : tous les pesticides chimiques ont été interdits pour la culture des fruits et légumes. Ils seront remplacés par des traitements plus naturels qui préservent la nature.

....

Pour que les enfants puissent voyager pendant les vacances scolaires et découvrir d'autres horizons, le gouvernement a décidé de rendre gratuits tous les moyens de transport en commun.

• **Maintenant, trouve une bonne nouvelle, écris sur ton cahier le chapeau qui présente cette information et crée un titre qui sera un groupe nominal.**

Étrange annuaire

• **Lis et observe.**

Rita habite Paris. Elle s'est amusée à relever dans un annuaire des noms de famille qui peuvent être aussi des noms communs ou des adjectifs, et à y associer une adresse qui évoque le contraire.

ANGE Gabrielle	66 impasse des Petits Diables
BRUN Philippe	....
CHAUVIN Nicolas	....
CONSTANT Danièle	....
DAMOUR Agnès	....
DEJOIE Lucie	15 bis allée de la Tristesse
DESCHAMPS Françoise	125 impasse des Rats des Villes
DOYEN Pierre	2 ruelle Benjamin
DUMONT Christophe	36 chemin du Val Joli
EXPERT François	387 boulevard des Novices
FÉLICITÉ Paul	....
FORTUNE Marie	....
GAILLARD Frédéric	....
GALANT Bernard	....
GAMIN Vanessa	....
GAUCHE Jean	....
LAPAIX Pascal	....
LEBEAU Florence	....
NOBLE Nicole	8 avenue du Tiers-État
SINCÈRE Nadia	28 bis avenue des Hypocrites
VIEUX Coralie	1 boulevard Flambant neuf

Regarde bien les noms et les adresses déjà indiquées.

Peux-tu expliquer les associations de mots ou d'idées contraires ?

- **Complète cette liste en inventant une adresse aux habitants restants.**
- **Ajoute à ton tour un ou deux noms à cet annuaire, en précisant l'adresse correspondante.**

Le piquenique

• **Lis le récit de ce piquenique.**

Hier, nous sommes allés piqueniquer dans la montagne.
Le temps n'était pas très beau, le soleil était caché par des nuages et il faisait frais.
Nous nous sommes arrêtés près d'une usine. Un bruit de machines très pénible nous cassait les oreilles. Assis sur des cailloux pointus et humides, nous avons sorti la nourriture du panier. Les sandwichs étaient mous et peu appétissants. Les chips étaient écrasées au fond du panier. Des fourmis avaient envahi la salade de fruits et personne n'avait pensé à prendre des boissons.
On a voulu faire un foot avec les cousins mais papa a tapé trop fort dans le ballon qui est tombé dans un ravin. Comme tout le monde en avait assez de cette journée, on est retournés vers la voiture et c'est là que mon oncle s'est aperçu qu'il avait perdu les clés ! On les a cherchées partout et, au bout de deux heures, maman a fini par appeler le dépanneur.
Quelle horrible, terrible, atroce, triste journée !

• **Maintenant, transforme le récit de cette horrible journée pour en faire une journée merveilleuse, où tout s'est bien passé.**
Remplace chaque élément négatif par un élément positif.

Exemple : *un bruit de machines très pénible →*
le joli bruit chantant d'un ruisseau de montagne

Tu peux commencer par surligner tout ce qui est négatif dans le texte.

La machine à textes

• **À partir des propositions suivantes, tu peux inventer des histoires très différentes.**

Aujourd'hui, en rentrant de l'école, Quentin ouvre
- doucement
- brusquement
- discrètement
- joyeusement

la porte de la maison. Il se dirige vers le salon, et,
- heureusement,
- malheureusement,

aperçoit ses parents confortablement installés sur le canapé. Il leur annonce
- tranquillement
- immédiatement
- timidement
- triomphalement
- avec colère
- apeuré

sa dernière note en orthographe, 09/20. Ses parents sont évidemment
- surpris
- réjouis
- furieux
- déçus

de ce résultat.

• **Invente ton début de l'histoire en entourant à chaque fois le mot qui te convient.**

• **Écris la suite de la scène entre Quentin et ses parents :**
- leur réaction doit être en cohérence avec les choix que tu as faits ci-dessus ;
- ton texte doit contenir au moins trois adverbes en -ment.

Un métier à part entière

• **Dans le tableau suivant, Victor a imaginé que les expressions à sens figuré devenaient de véritables métiers.**
Choisis une de ces expressions à sens figuré et trouve sa signification.

Expressions au sens figuré	Métiers
Chercher midi à 14 heures	*Le chercheur de midi à 14 heures*
Éclater de rire	L'éclateur de rire
Mâcher ses mots	Le mâcheur de mots
Couper les cheveux en quatre	Le coupeur de cheveux en quatre
Décrocher la lune	Le décrocheur de lune
Mener une vie de chien	Le meneur de vie de chien
Crier sur les toits	Le crieur sur les toits
Tenir tête	Le teneur de têtes
Changer d'air	Le changeur d'air
Se faire une place au soleil	Le faiseur de place au soleil
Sonner les cloches	Le sonneur de cloches
Chercher la petite bête	Le chercheur de petites bêtes

• **Imagine maintenant qu'une personne exerce réellement ce nouveau métier.**
Écris un court texte qui décrit ce métier.
Si cette personne est une femme, mets le nom du métier au féminin.

Tu peux raconter ou préciser : une journée de travail, en quoi consiste le métier, si la personne aime son métier, ce qu'elle fait, si elle fait toujours la même chose, etc.

Exemple : **Le chercheur de midi à 14 heures**
M. Chronos ne manquait pas de clients : tous les jours, à 14 heures, il recevait des dizaines d'appels de personnes qui regrettaient ce qui s'était passé à midi, et voulaient revenir en arrière pour changer le cours de leur vie. Par exemple, tel homme d'affaires avait eu tellement faim à midi qu'il avait quitté brutalement une réunion pourtant capitale pour son entreprise. Il risquait d'être licencié d'une minute à l'autre ! M. Chronos arrivait toujours à retrouver midi. Comment ? Vous n'en saurez pas plus : les données de l'entreprise sont confidentielles, bien protégées.

Le loup a dévoré un livre

• **Observe cette image.**

Qu'a fait le loup ?

Il a dévoré…

un livre !

• **Sur cette image, le verbe dévorer est utilisé au sens figuré.**
C'est en soulevant le rabat qu'on s'en aperçoit.

• **Tu vas créer une ou plusieurs images selon le même principe.**
Choisis une paire de mots dans la liste (tu peux en utiliser d'autres), trouve l'expression au sens figuré, puis illustre-la.

Pour t'aider

hérisson / piquer	gourmand / gouter
cambrioleur / voler	chauffagiste / feu
couteau / couper	timide / coquille
footballeur / marquer	jardinier / salades
coiffeur / raser	boulanger / farine
pelle / creuser	distrait / perdre
pêcheur / attraper	patineuse / glisser

....

Écris ici la question.

1er dessin

2e dessin

....

Écris ici le début de ta réponse.

....

Écris ici la fin de ta réponse.

C’est du propre !

• Observe ces dessins : ils illustrent au **sens propre** une expression qu’on utilise d’habitude au **sens figuré**.

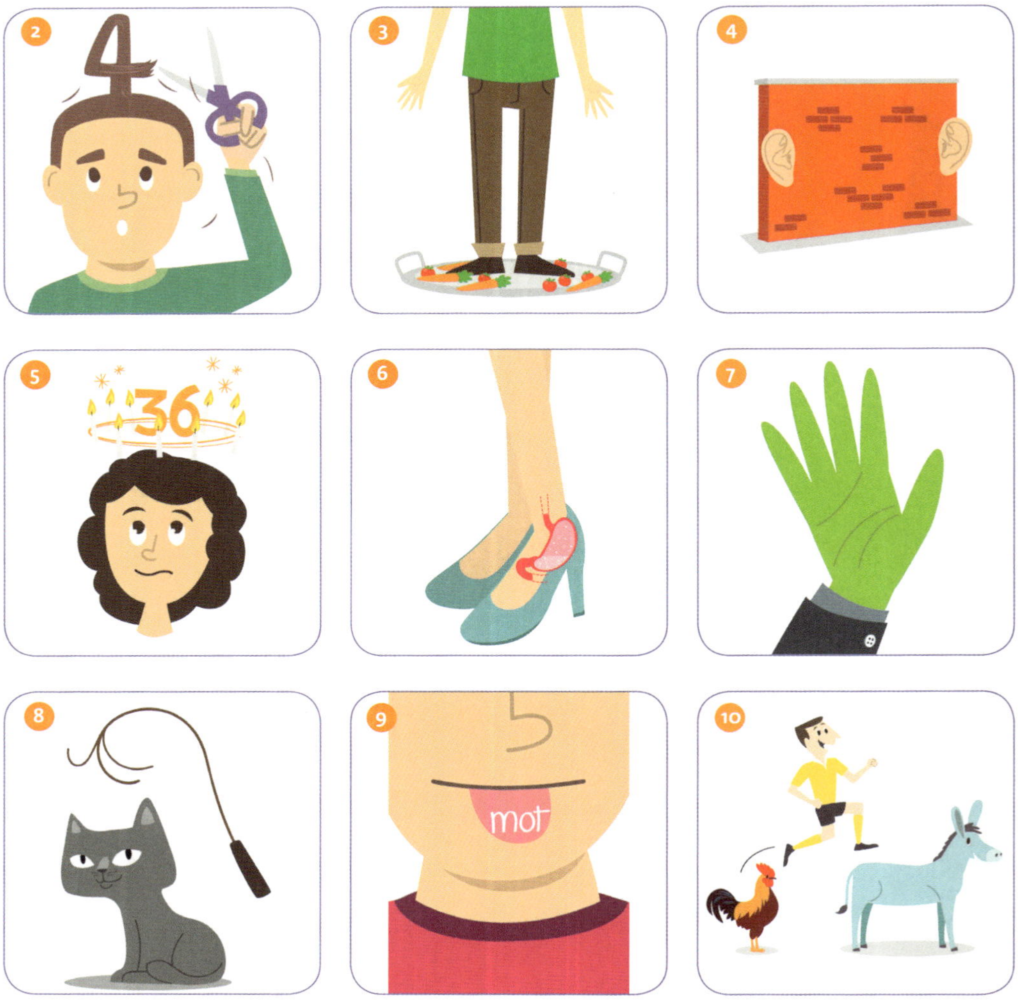

M. Dupré a travaillé très tard hier soir. Ce matin, il a du mal à se réveiller, il n’arrive même pas à trouver ses pantoufles...
Il n’a pas les yeux en face des trous.

• Retrouve ces expressions oralement.

• Choisis une expression, puis écris un paragraphe en utilisant cette expression de sens figuré, comme dans l’exemple ci-dessus.

Le cœur sur la main

• **Lis ce texte.**

J'ai vu hier un drôle de gars.
Il donnait tout ce qu'il avait :
à une dame, il a donné sa montre.
À un monsieur, il a donné son téléphone.
À un mendiant, il a donné sa chemise !
Dans sa main, j'ai vu quelque chose qui palpitait :
c'était son cœur.
À ce moment-là, j'ai compris pourquoi il donnait
toutes ses affaires : c'est très simple,
il avait le cœur sur la main !

• **Invente à ton tour une courte histoire où une expression au sens figuré sera utilisée au sens propre.**

Pour t'aider

Avoir le cœur sur la main.
Avoir un cœur d'or.
Avoir les yeux plus gros que le ventre.
Couter les yeux de la tête.
Couter un bras.
Ne dormir que d'un œil.
Casser les pieds.
Mettre les pieds dans le plat.
Perdre la tête.
Être tête en l'air.
Ne pas avoir sa langue dans sa poche.
Avoir les chevilles qui enflent.
Ne pas avoir froid aux yeux.

Un point, c'est tout !

• **Observe les deux illustrations.**

un voleur entre par la fenêtre un bâton
à la main je l'attends debout derrière
la porte mon copain se cache
tremblant de peur le malfaiteur
entre dans la cuisine sans crainte
je m'avance pour le faire fuir

un voleur entre par la fenêtre un bâton
à la main je l'attends debout derrière
la porte mon copain se cache
tremblant de peur le malfaiteur
entre dans la cuisine sans crainte
je m'avance pour le faire fuir

• **Ajoute les majuscules et la ponctuation sous chaque image sans rien modifier au texte.**

• **Observe et explique comment tu as compris la phrase ci-contre.**
• **Lis les phrases suivantes : il manque leur ponctuation.**
• **Trouve les deux manières de les comprendre et, sur ton cahier, récris-les deux fois en ajoutant la ponctuation et les majuscules.**

• il faut cueillir les pommes qui sont bien mures

• regarde cet homme essaie de voler Paul

• **Invente de même deux dessins et deux ponctuations possibles pour ces phrases.**

moi j'adore escalader les amis

et si on mangeait Grand-mère

Un serpent à café avec un moulin à lunettes

Lis le poème « Cortège » de Jacques Prévert : comprends-tu comment il a été écrit ?

Un vieillard en or avec une montre en deuil
Une reine de peine avec un homme d'Angleterre
Et des travailleurs de la paix avec des gardiens de la mer
Un hussard de la farce avec un dindon de la mort
Un serpent à café avec un moulin à lunettes
Un chasseur de corde avec un danseur de têtes
Un maréchal d'écume avec une pipe en retraite
Un chiard en habit noir avec un gentleman au maillot
Un compositeur de potence avec un gibier de musique
Un ramasseur de conscience avec un directeur de mégots
Un repasseur de Coligny avec un amiral de ciseaux
Une petite soeur du Bengale avec un tigre de Saint-Vincent-de-Paul
Un professeur de porcelaine avec un raccommodeur de philosophie
Un contrôleur de la Table Ronde avec des chevaliers de la Compagnie du Gaz de Paris
Un canard à Sainte-Hélène avec un Napoléon à l'orange
Un conservateur de Samothrace avec une Victoire de cimetière
Un remorqueur de famille nombreuse avec un père de haute mer
Un membre de la prostate avec une hypertrophie de l'Académie française
Un gros cheval in partibus avec un grand évêque de cirque
Un contrôleur à la croix de bois avec un petit chanteur d'autobus
Un chirurgien terrible avec un enfant dentiste
Et le général des huîtres avec un ouvreur de Jésuites.

Jacques Prévert

Jacques Prévert, « Cortège », *Paroles*, © Éditions Gallimard

- **Fais une liste de groupes nominaux qui contiennent un complément du nom. Tu peux utiliser ces mots invariables au début du complément du nom :**
  de – à – pour – sans – en...
- **Ensuite choisis deux GN et relie-les de cette manière :**

Voici quelques noms pour t'aider à commencer :
- une lampe de ...
- un mouchoir en ...
- un gâteau au ...
- une voiture de ...
- une cuillère à ...

un spectacle pour enfants avec un tuyau d'arrosage

Échange ensuite les deux compléments du nom.

un spectacle d'arrosage avec un tuyau pour enfants

Pendant que...

- **Lis ce poème.**

Pendant que la neige tombait,
pendant que les flocons recouvraient la montagne,
pendant que le givre blanchissait les branches,
pendant que le vent soufflait sur les sommets,
pendant que les arbres pliaient sous le vent,
pendant que l'eau des torrents gelait…
Moi…
Je dormais,
je rêvais,
je sommeillais dans l'ombre de mon terrier
et j'attendais le printemps.

- **Donne un titre à ce poème.** *As-tu deviné de qui il s'agit ?*
- **Surligne les verbes en jaune.** *À quel temps sont-ils conjugués ?*

- **En t'inspirant de ce poème, écris un texte dont les verbes sont tous à l'imparfait.**

Pour t'aider

Voici des verbes regroupés par thème :
- **Thème de l'école :** travailler – réfléchir – apprendre – réciter – calculer...
- **Thème de la ferme :** cultiver – nourrir – nettoyer – labourer – semer – récolter...
- **Thème du voyage :** explorer – découvrir – voyager – franchir – traverser – parcourir...
- **Thème du rangement :** ranger – classer – trier – jeter – plier – arranger – mettre de l'ordre...
- **Thème de l'amusement :** jouer – s'amuser – se réjouir – se divertir – se distraire – rire...

Déterminants à toutes les sauces !

• **Observe bien ces listes de déterminants. À l'aide d'un dé, tire au sort une de ces six listes.**

la un mon cette quelle deux	le une ta ce plusieurs sept	l' des ses cet quels trois
le un nos ces aucun dix	la une votre ce quel neuf	les des leurs cette quelques quatre

• **Écris un court dialogue en essayant d'employer <u>seulement</u> les déterminants qui figurent dans ta liste.**

Exemple avec la liste 1 :

*– **Quelle** heure est-il, s'il vous plait ?*

*– **Deux** heures pile !*

*– Je vous dois **un** immense merci pour cette **cette** information ! J'allais rater **mon** train !*

*– De rien, à **la** prochaine fois !*

Je dirais même plus !

Connais-tu Dupond et Dupont ? Dans les aventures de Tintin, ils utilisent souvent l'expression « Je dirais même plus », pour, en fait, donner deux fois la même information. Avec ton voisin ou ta voisine, préparez une lecture dialoguée de ce court texte.

« C'était une belle journée printanière...
— Je dirais même plus : une belle journée de printemps !
— Nous faisions une petite balade en touristes...
— Je dirais même plus : une petite balade touristique !
— Nous nous sommes arrêtés pour admirer le soleil couchant...
— Je dirais même plus : le coucher du soleil !
— Soudain, une sorte d'oiseau de nuit nous a frôlés de ses ailes...
— Je dirais même plus : une sorte d'oiseau nocturne !
— Arrête de m'interrompre pour rien, c'est un conseil d'ami !
— Je dirais même plus : un conseil amical !
— GRRRRRR ! »

- **À votre tour, vous allez écrire un court dialogue humoristique où l'un des deux personnages répète, d'une autre façon, ce qu'a déjà dit le premier.**

Pour vous aider, voici une liste d'adjectifs que vous pourrez utiliser : ils peuvent facilement être remplacés par un complément du nom de même sens.

- royal
- princier
- confortable
- fruité
- familial
- intéressant
- multicolore
- français
- municipal
- précieux
- spatial
- luxueux
- monstrueux
- motorisé
- rayé
- pluvieux
- inodore
- incolore
- africain
- américain
- italien

- **Quand vous aurez fini votre dialogue, entrainez-vous à l'interpréter de manière comique.**

La météo en folie

• **Observe.**

• **Invente à ton tour une drôle de météo pour demain !**

Pour t'aider

Noms		Adjectifs	Verbes
le brouillard	la sècheresse	épais, épaisse.s	connaitre
la pluie	les inondations	intense.s	briller
les nuages	le froid	radieux, radieuse.s	tomber
le ciel	la chaleur	important.e.s	s'abattre
le soleil	la température	magnifique.s	se couvrir
le gel	les degrés	ensoleillé.e.s	pleuvoir
la canicule	une éclaircie	nuageux, nuageuse.s	neiger
des grêlons	des éclairs	glacial.e.s, glaciaux	geler
			grimper
			s'élever

....

....

....

....

....

....

....

....

....

....

....

....

....

....

....

....

La fanfare

• Observe ce poème.

Je viendrai chez vous demain
Tu joueras du tambourin
Elle prendra sa trompette
Nous chanterons à tue-tête
Et comme vous ferez pareil
Ils se boucheront les oreilles !

• Surligne de deux couleurs différentes les pronoms sujets utilisés et les verbes conjugués.

Tu peux choisir le thème que tu veux ou t'inspirer des idées ci-dessous.

• **Écris à ton tour un poème en respectant la même structure.**

Pour t'aider

La construction d'une maison	**Le travail de la ferme**	**L'entretien d'une maison**	**La préparation d'un spectacle de cirque**
bâtir	nettoyer	nettoyer	dompter
construire	nourrir	épousseter	jongler
couvrir	garder	aspirer	danser
peindre	couper	laver	virevolter
faire	moissonner	récurer	faire des acrobaties
coller	traire	brosser	présenter
déménager	surveiller	astiquer	…
…	labourer	balayer	
	semer	…	
	…		

Mots croisés au futur

• **Continue à remplir cette grille de mots croisés.**

Verbe mystère = *Tu pousseras un cri : tu ...*

	↓										
1	C	H	A	N	T	E	R	A	I		
2	R	E	M	E	R	C	I	E	R	E	Z
3											
4											
5											
6											
7											

Définitions

3. Vous ferez une imitation : vous ...
4. Nous agirons comme des espions : nous ...
5. Il s'agitera : il ...
6. Je dirai enfin la vérité : j' ...
7. Elles couperont du bois : elles ...

avouer
boire
clouer
continuer
copier
créer
crier
dénouer
épier
éternuer
étudier
expliquer
fuir
gigoter
huer
imiter
jouer
louer
muer
nouer
oublier
plier
puer
quitter
remercier
remuer
saluer
scier
secouer
skier
suer
trier
trouer
tuer
utiliser
vérifier
zigzaguer

• **À ton tour, tu vas créer une grille de mots croisés.**

– Choisis un des verbes de la liste ci-contre. Conjugue-le au futur avec le pronom sujet de ton choix. Écris-le en majuscules d'imprimerie dans la colonne jaune. (Il doit avoir dix lettres au maximum.)

– Pour chaque ligne, cherche dans la liste un verbe qui commence par la lettre du verbe que tu as déjà placé.

– Conjugue ce verbe avec le pronom sujet de ton choix. *(Par exemple, « je ».)*

– Invente une définition pour ce verbe et écris-la (sur ton cahier).

– Continue ainsi avec toutes les lettres du verbe écrit verticalement.

• **Construis ta grille de mots croisés en laissant seulement les cases nécessaires pour écrire les verbes que tu as écrits (efface ou grise les autres).**

	↓										
1											
2											
3											
4											
5											
6											
7											
8											
9											
10											

Si tu ne trouves pas de définition, aide-toi de ton dictionnaire.

• **Propose ta grille à un.e camarade avec les définitions pour qu'il (elle) la remplisse.**

Dialogue de sourds

• **Observe.**

• **Dans ce dessin, le 2e personnage n'a pas bien compris ce que voulait dire le premier. Pourquoi ?**

....

• **Choisis des homonymes dans la liste ci-dessous et imagine un court dialogue où l'un des personnages comprend de travers ce que l'autre veut lui dire.**

Les homonymes sont des mots qui se disent de la même façon.

Pour t'aider

eau / haut	ver / verre / vert / vers	signe / cygne	l'école / les cols
chant / champ	voie / voix	port / porc	l'épaule / les pôles
conte / compte / comte	pleine / plaine	amande / amende	l'étable / les tables
cou / coup / cout	cœur / chœur	reine / rêne / renne	l'étoile / les toiles
faim / fin	mur / mure	l'écuyère / les cuillères	l'attente / la tente
maire / mer / mère	car / quart		l'haleine / la laine
maitre / mètre	cor / corps		chaine / chêne
pain / pin	balai / ballet		flan / flanc
tante / tente	sol / sole		

Souvenirs, souvenirs…

• **Lis ce poème.**

Tous les arbres que j'ai plantés
Tous les nombres que j'ai comptés
Tout le bonheur que j'ai vécu
Tout le temps que j'ai perdu
Toutes les lettres que j'ai écrites
Toutes les choses que j'ai dites
Toutes les portes que j'ai ouvertes
Les merveilles que j'ai découvertes
Toutes les bêtises que j'ai faites
Et toutes celles que j'ai refaites
Tous ces souvenirs adorés…

Ah zut ! J'ai tout oublié !

• **Surligne chaque participe passé de ce poème, puis trace une flèche qui le relie au nom avec lequel il s'accorde.**

• **Invente à ton tour un poème :**
  - **les vers rimeront deux par deux ;**
  - **chaque vers commencera par tout, toute, tous ou toutes.**

Pour t'aider

Voici des verbes que tu peux utiliser par paire :

comprendre / apprendre
attendre / entendre
espérer / redouter
découvrir / offrir
prendre / mettre
écrire / dire
lire / vivre
boire / voir

Tu peux utiliser la même fin que le poème original ou en inventer une autre.

Défi imaginatif

• Lis et observe.

Au zoo, un gorille m'a volé mon appareil photo. Comment faire pour le récupérer ?

• **Trouve, en t'aidant de l'image, au moins deux idées pour récupérer l'appareil photo qui est entre les pattes du gorille. Dans cette situation, il faut enchainer au moins deux actions différentes pour récupérer l'appareil photo.**

Pour t'aider

d'abord
ensuite
canne à pêche / pêcheur
enfant déguisé
clés / gardien
banane / singe
sac à main

Voyage au centre de la Terre

• **Lis ce texte.**

Il fait un drôle de bruit, cet ascenseur. Il craque, il gémit, on dirait qu'il ne s'arrêtera jamais. Je vois les étages défiler sur l'écran : 3e… 2e… 1er… Rez-de-chaussée… Quoi ? Mais il ne s'arrête pas au rez-de-chaussée ??
1er sous-sol… 2e sous-sol… 3e sous-sol… 4e sous-… Hein ? Mais c'est impossible ! Il n'y a que deux niveaux de sous-sol dans mon immeuble ! Tout à coup, la cabine s'arrête avec un grand claquement.
L'écran indique : 7e sous-sol ! Mais je suis arrivée au centre de la Terre, ma parole ! La porte grince en s'ouvrant. Devant mes yeux, un paysage incroyable…

• **Tu vas écrire la suite du texte.**
Pour t'y préparer, mets-toi à la place du personnage de l'histoire, et commence par écrire des mots, des idées, des expressions à propos de ce qui t'entoure.

Pour t'aider

Ce que tu vois :	Ce que tu entends :	Ce que tu sens :	Ce que tu ressens, ta première réaction :
lumière ou obscurité ? souterrain, grotte, mine ? désert ou végétation ? animaux ?	silence ou bruits ? cris d'animaux, vent, bruits de machine ? grincements, hurlements ?	courants d'air chaud ou glacé ? odeurs insupportables ou parfums délicieux ? humidité froide ou chaleur torride ?	comment réagis-tu ? fuite ou immobilité ? exploration ou retour en arrière ? appel à l'aide ou autonomie ? (Pense à toutes les parties de ton corps : cœur, jambes, yeux, visage, bras...)

• **Organise ces premières idées et rédige la suite du texte sur ton cahier.**

Photo-choc

• Observe cette photo.

• Écris tout ce qui te vient à l'esprit, sans trier : éléments visibles, émotions que tu ressens, explications possibles, etc.

....

....

• Organise ensuite tous ces éléments dans une carte heuristique.
Par exemple, tu peux commencer ainsi :

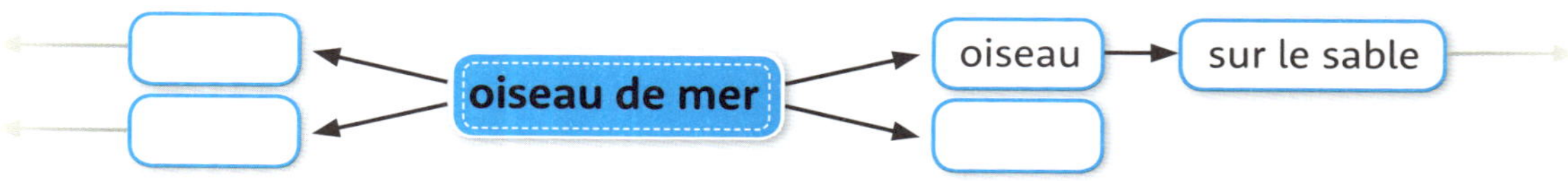

• **Prépare un texte pour décrire précisément cette photo et ce qu'elle illustre.**

Pour t'aider
Que vois-tu sur cette photo ?
Comment expliques-tu ce qui s'est passé ?
Qui a pu prendre cette photo et dans quel but ?

Paysages de France

• **Observe attentivement ces deux images.**

Vues de Privas.

• **Écris tout ce qui te vient à l'esprit en découvrant ces photos, sans trier.**

....

....

....

• **Organise les mots et les idées dans une carte heuristique.**

Par exemple, tu peux commencer ainsi :

- paysage
  - panneaux publicitaires …
    - …
    - …
    - …
  - colline …
    - beauté
    -
    -

• **Prépare un texte écrit :**
– Décris les deux photos en les comparant.
– Indique les réflexions qu'elles t'inspirent.

Pour t'aider
- Sur la première photo, …
  Sur la deuxième photo, …
- Je pense que …
  Je trouve que …
  Ces deux photos montrent que …

Phrases à rectifier

• Lis cette phrase.

Arthur a parlé d'un film génial à Noémie qu'il voudrait bien revoir.

Comment comprends-tu cette phrase ?

• Fais une flèche pour montrer quel nom est complété par le groupe encadré.

• Effectue le même travail avec ces deux phrases.

On a visité un vieux château avec mes parents qui tombe en ruine.

J'ai revu des vieux copains chez Lucien que j'avais presque oubliés.

• Lis chaque paire de phrases : l'une des deux doit être modifiée. Récris-la pour la rendre plus claire.

Attention, il faut parfois changer la ponctuation ou l'ordre des mots !

- J'ai lavé la voiture de maman qui était dégoutante.
- J'ai lavé la voiture de maman qui était débordée.

- Pierre trouva de magnifiques champignons dans la forêt qui sentait bon l'automne.
- Pierre trouva de magnifiques champignons dans la forêt qu'il rapporta à la maison.

- J'ai prêté un livre à Jérémy qui fait vraiment peur !
- J'ai prêté un livre à Jérémy qui adore les histoires de fantômes.

- Il y avait un billet de 50 euros dans le vieux portemonnaie que j'ai jeté à la poubelle.
- Il y avait un billet de 50 euros dans le vieux portemonnaie que j'ai mis dans ton portefeuille.

- Il a écrit une longue lettre à sa tante qui l'a lue avec grand plaisir.
- Il a écrit une longue lettre à sa tante qui n'est jamais arrivée.

- J'ai visité une cathédrale avec mes grands-parents qui avait plus de huit-cents ans !
- J'ai visité une cathédrale avec mes grands-parents qui se passionnent pour l'histoire de France.

Sens dessus dessous !

• Observe bien cette photo.

• Décris-la précisément, en une ou deux phrases.

....

....

• Maintenant, retourne ton cahier. Que remarques-tu ?
Essaie d'expliquer ce drôle de phénomène.

....

....

• **Observe cette case de BD et, à nouveau, retourne ton cahier.**

Que remarques-tu ? Comment peux-tu expliquer cette nouvelle bizarrerie ?

• **Sais-tu comment on appelle une habitante de la Suisse ?**
– Écris ce mot en script, puis retourne ton cahier : quel nouveau mot peux-tu lire ?

– Explique cette dernière particularité !

Les cinq sens

• **Observe.**

Les Cinq Sens, Lubin Baugin, 1630.

• **Avec tes camarades, faites la liste des cinq sens chez les êtres vivants.**
• **Écrivez autour du tableau tous les objets que vous reconnaissez dans l'œuvre.**

Au fond à droite, il y a un miroir. De quel sens se sert-on quand on utilise un miroir ?
Y a-t-il d'autres objets qu'on peut associer à un des cinq sens ?

• **Un élève a commencé à écrire un paragraphe pour décrire ce tableau. Termine-le.**

Pour t'aider

représenter	au centre
rappeler	au premier plan
symboliser	au second plan
figurer	à l'arrière-plan
faire penser à	à droite
être le symbole de	à gauche
évoquer	devant
	derrière

Ce tableau est une nature morte du peintre Lubin Baugin, intitulé « Les Cinq Sens ». Au fond, à droite, on voit un miroir qui évoque…

• **À ton tour de composer une nature morte.**
Demande-toi :
- que choisir pour représenter chacun des cinq sens ?
- que mettre au premier plan, au second plan, à l'arrière plan ?

Explique dans un court texte tes choix, puis réalise le dessin de ton projet.

Poésie de neige

• **Observe.**

une barrière

la tranquillité

La Pie, Claude Monet, 1868-1869.

• **Avec tes camarades, commentez oralement ce tableau de Claude Monet en vous aidant des questions suivantes.**

Quelle est la saison évoquée ? Quelles sont les couleurs du tableau ? À quel moment de la journée la scène a-t-elle été peinte ? Sur quels indices pouvez-vous vous appuyer ?

• **Complète les cases vides :**
- à gauche, pour décrire ce que tu vois ;
- à droite, pour exprimer ce que tu ressens (tes sensations et émotions).

• **Décris en quelques mots ce que tu pourrais entendre si tu te trouvais réellement dans ce paysage.**

Si je me trouvais vraiment dans ce paysage, je pourrais entendre

• **Voici un court texte, appelé haïku, du grand poète japonais Matsuo Basho (1644-1694).**
– Avec tes camarades, observez comment il est écrit.
– Puis écris un haïku à ton tour, en t'aidant des mots récoltés précédemment et en t'inspirant du tableau de Monet.

Désolation hivernale
Dans le monde monochrome
Le bruit du vent

Quelle charmeuse !

• **Observe et lis.**

La Charmeuse de serpent, Henri Rousseau, 1907.

Pour réaliser cette peinture, l'artiste s'est inspiré de ses nombreuses visites au Jardin des Plantes de Paris. Pourtant, en regardant ce tableau, on se croirait tout à fait ailleurs.

• **Avec tes camarades, commentez oralement ce tableau en vous aidant des questions suivantes.**

Dans quel lieu pourrait-on se trouver ? Pourquoi ?
À quel moment de la journée se déroule la scène ?
Qu'est ce qui le montre ?
Que fait le personnage principal ?

• **Relie les noms et les adjectifs qui peuvent aller ensemble, comme dans l'exemple. Tu peux t'aider d'un dictionnaire.**

Certains termes peuvent être reliés à plusieurs mots, mais fais attention aux accords !

une forêt •	• profonde	une flute •	• de lune
un serpent •	• dense	une chevelure •	• sombre
un corps •	• mystérieuse	une jungle •	• grimpantes
une végétation •	• venimeux	un clair •	• épaisse
une silhouette •	• massif	des plantes •	• en roseau

• **Tu vas réaliser le portrait de la figure principale du tableau, comme si c'était un personnage de conte. Établis d'abord sa fiche d'identité en t'aidant des questions suivantes :**

Tu peux t'aider des mots que tu as reliés dans l'exercice précédent.

- Quel est son nom ?
- Où vit-elle ?
- A-t-elle des compagnons ?
- Quelles sont ses caractéristiques physiques et morales ?
- Quels sont ses pouvoirs ?
- Quand apparait-elle ?

Ce personnage s'appelle...
Elle a...

À table !

• **Observe et lis.**

Restaurant de la city Galerie, Daniel Spoerri, 1965.

L'artiste Daniel Spoerri a réalisé des œuvres, dans les années 1960, en fixant des objets réels sur des panneaux qu'il dressait ensuite à la verticale et qu'il appelait des « tableaux-pièges ».

• **Avec tes camarades, commentez oralement ce tableau en vous aidant des questions suivantes.**

Dans cette œuvre, quel moment précis de la vie quotidienne Spoerri a-t-il piégé ? Quels indices le montrent ?

• **Note autour du tableau les différents objets que tu parviens à identifier.**

• **D'après toi, pourquoi y a-t-il des assiettes de taille différente ? Propose deux possibilités.**

Possibilité 1 : ....

Possibilité 2 : ....

• **Dans son tableau, Spoerri a fixé les objets dans un désordre apparent. Mais la table n'était certainement pas comme ça avant l'arrivée des convives !**
Imagine et décris comment celle-ci était dressée.

Pour t'aider
- à côté de, en face de, symétrique, au milieu, au centre, à l'opposé, perpendiculaire à, au bord, devant, derrière, de chaque côté
- disposer, aligner, poser, déposer, mettre

Avant l'arrivée des convives,

Quelle star !

• **Observe et lis.**

Marilyn, Joana Vasconcelos, galerie des Glaces, château de Versailles, 2012.

Pour réaliser cette œuvre, l'artiste Joana Vasconcelos a utilisé des casseroles et des couvercles en très grande quantité. Son titre fait référence à Marilyn Monroe, une célèbre actrice du cinéma américain dans les années 1950.

• **Avec tes camarades, commentez oralement ce tableau en vous aidant des questions suivantes.**

Quel est l'objet que l'artiste a reconstitué par cette accumulation ? Où se trouve-t-il ? Que peut-on dire de sa taille ? Qu'est-ce que cela peut évoquer ?

• **Retrouve les paires pour former des groupes nominaux, comme dans l'exemple.
Surligne-les d'une même couleur, puis écris-les.**

Aide-toi des accords et regarde dans le dictionnaire si tu ne connais pas certains mots.

Exemple :** un objet **de luxe

une paire — une accumulation — un jeu — un objet — une sculpture — une fée — des casseroles — des talons — une star — des repas — une tâche — de la vaisselle — une actrice

de casseroles — monumentale — du logis — célèbre — quotidiens — étincelante — domestique — de reflets — de luxe — en acier inoxydable — aiguilles — d'escarpins — admirée

Marilyn, Joana Vasconcelos, galerie des Glaces, château de Versailles, 2012.

- **Exprime ton point de vue.**

Lors de l'exposition, certains spectateurs ont trouvé que c'était une bonne idée d'exposer cette œuvre Marilyn dans la galerie des glaces du château de Versailles, mais d'autres n'ont pas apprécié.

Et toi, qu'en penses-tu ?
Justifie ta réponse en donnant au moins deux arguments différents.

Pour t'aider
- je pense, je trouve, j'estime, de mon point de vue
- surprenant, agréable, original, drôle, amusant, élégant, étincelant, étonnant, magnifique, brillante, en harmonie avec, choquant, étrange, incongru, déplacé, scandaleux, dérangeant

1.

2.

- **Imagine que tu es critique d'art. Écris un article pour inciter le public à venir voir *Marilyn* ou au contraire pour l'en dissuader !**

Commence par décrire l'œuvre de manière précise puis donne ton point de vue de journaliste.

Aide-toi de tous les mots des activités précédentes !